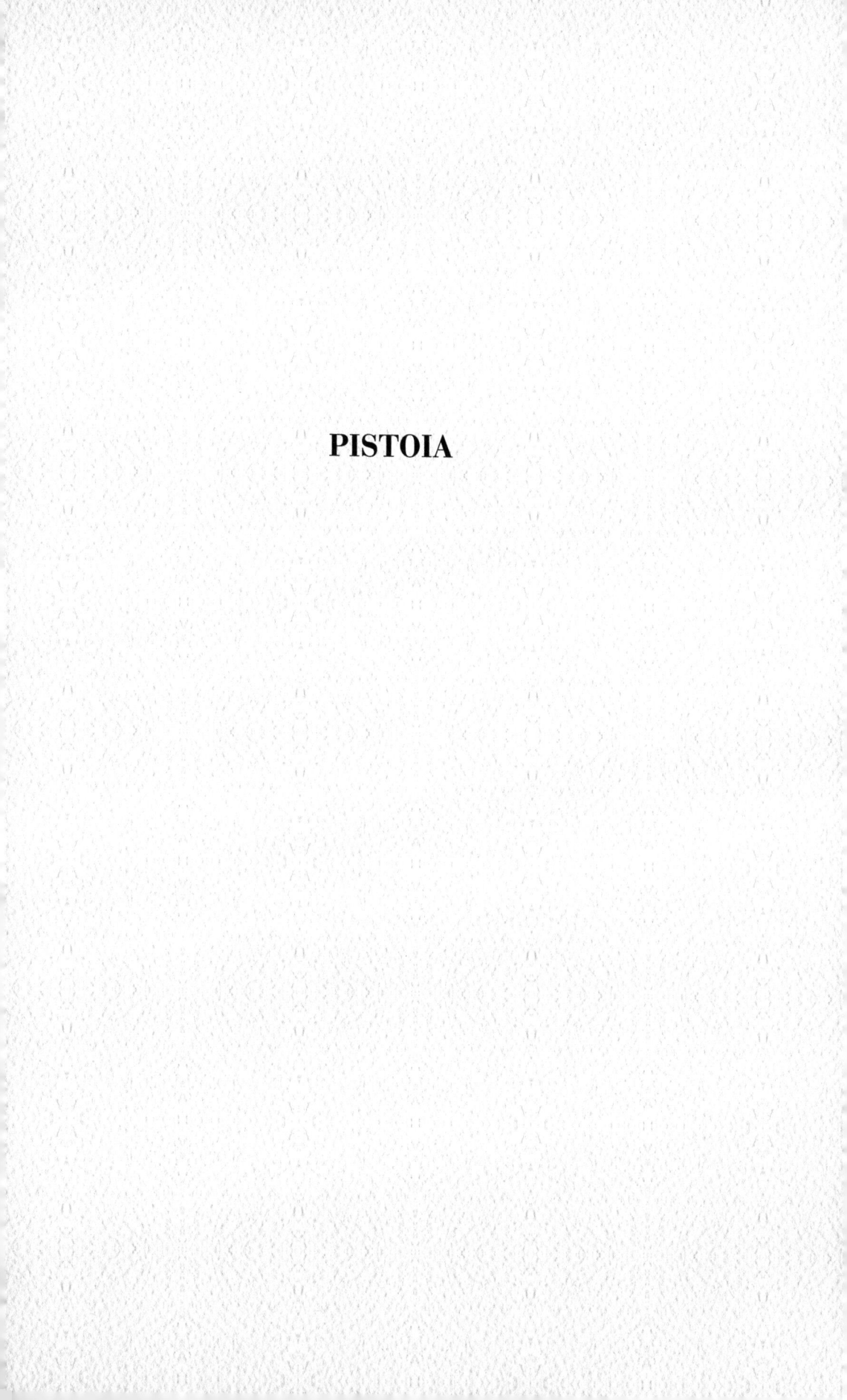

PISTOIA

**XILOGRAVURAS de
MANUEL SEGALÁ**

PRIMEIRA EDIÇÃO:
junho de 1955

Este poema foi composto por
CECÍLIA MEIRELES
na cidade de Florença (Itália) no dia
nove de abril de mil novecentos e
cinquenta e três.

CECÍLIA MEIRELES

PISTOIA

CEMITÉRIO MILITAR BRASILEIRO

Coordenação Editorial
ANDRÉ SEFFRIN

São Paulo
2016

© Condomínio dos Proprietários dos Direitos Intelectuais
de Cecília Meireles
Direitos cedidos por Solombra – Agência Literária
(solombra@solombra.org)
2ª Edição, Global Editora, São Paulo 2016

    Jefferson L. Alves – diretor editorial
    Gustavo Henrique Tuna – editor assistente
    André Seffrin – coordenação editorial, estabelecimento
    de texto e cronologia
    Flávio Samuel – gerente de produção
    Flavia Baggio – preparação e revisão de texto
    Deborah Stafussi – assistente editorial
    Manuel Segalá – xilogravuras

Obra atualizada conforme o
NOVO ACORDO ORTOGRÁFICO DA LÍNGUA PORTUGUESA.

CIP-BRASIL. CATALOGAÇÃO NA PUBLICAÇÃO
SINDICATO NACIONAL DOS EDITORES DE LIVROS, RJ

M453p
2. ed.

    Meireles, Cecília, 1901-1964
  Pistoia, cemitério militar brasileiro / Cecília Meireles ;
coordenação André Seffrin. – 2. ed. – São Paulo : Global, 2016.

    ISBN 978-85-260-2214-0

    1. Poesia brasileira. I. Seffrin, André, 1965-. II. Título.

15-23532   CDD: 869.91
    CDU: 821.134.3(81)-1

Direitos Reservados

global editora e distribuidora ltda.
Rua Pirapitingui, 111 – Liberdade
CEP 01508-020 – São Paulo – SP
Tel.: (11) 3277-7999 – Fax: (11) 3277-8141
e-mail: global@globaleditora.com.br
www.globaleditora.com.br

Colabore com a produção científica e cultural.
Proibida a reprodução total ou parcial desta obra
sem a autorização do editor.

Nº de Catálogo: **3810**

PISTOIA

Eles vieram felizes, como
para grandes jogos atléticos:
com um largo sorriso no rosto,
com forte esperança no peito,
– porque eram jovens e eram belos.

Marte, porém, soprava fogo
por estes campos e estes ares.
E agora estão na calma terra,
sob estas cruzes e estas flores,
cercados por montanhas suaves.

São como um grupo de meninos
num dormitório sossegado,
com lençóis de nuvens imensas,
e um longo sono sem suspiros,
de profundíssimo cansaço.

Suas armas foram partidas
ao mesmo tempo que seu corpo.
E, se acaso sua alma existe,
com melancolia recorda
o entusiasmo de cada morto.

Este cemitério tão puro
é um dormitório de meninos:
e as mães de muito longe chamam,
entre as mil cortinas do tempo,
cheias de lágrimas, seus filhos.

Chamam por seus nomes, escritos
nas placas destas cruzes brancas.
Mas, com seus ouvidos quebrados,
com seus lábios gastos de morte,
que hão de responder estas crianças?

E as mães esperam que ainda acordem,
como foram, fortes e belos,
depois deste rude exercício,
desta metralha e deste sangue,
destes falsos jogos atléticos.

Entretanto, céu, terra, flores,
é tudo horizontal silêncio.
O que foi chaga, é seiva e aroma,
– do que foi sonho, não se sabe –
e a dor anda longe, no vento...

CRONOLOGIA

1901
A 7 de novembro, nasce Cecília Benevides de Carvalho Meirelles, no Rio de Janeiro. Seus pais, Carlos Alberto de Carvalho Meirelles (falecido três meses antes do nascimento da filha) e Mathilde Benevides. Dos quatro filhos do casal, apenas Cecília sobrevive.

1904
Com a morte da mãe, passa a ser criada pela avó materna, Jacintha Garcia Benevides.

1910
Conclui com distinção o curso primário na Escola Estácio de Sá.

1912
Conclui com distinção o curso médio na Escola Estácio de Sá, premiada com medalha de ouro recebida no ano seguinte das mãos de Olavo Bilac, então inspetor escolar do Distrito Federal.

1917
Formada pela Escola Normal (Instituto de Educação), começa a exercer o magistério primário em escolas oficiais do Distrito. Estuda línguas e em seguida ingressa no Conservatório de Música.

1919
Publica o primeiro livro, *Espectros*.

1922
Casa-se com o artista plástico português Fernando Correia Dias.

1923
Publica *Nunca mais... e Poema dos poemas*. Nasce sua filha Maria Elvira.

1924

Publica o livro didático *Criança meu amor...* Nasce sua filha Maria Mathilde.

1925

Publica *Baladas para El-Rei*. Nasce sua filha Maria Fernanda.

1927

Aproxima-se do grupo modernista que se congrega em torno da revista *Festa*.

1929

Publica a tese *O espírito vitorioso*. Começa a escrever crônicas para *O Jornal*, do Rio de Janeiro.

1930

Publica o ensaio *Saudação à menina de Portugal*. Participa ativamente do movimento de reformas do ensino e dirige, no *Diário de Notícias*, página diária dedicada a assuntos de educação (até 1933).

1934

Publica o livro *Leituras infantis*, resultado de uma pesquisa pedagógica. Cria uma biblioteca (pioneira no país) especializada em literatura infantil, no antigo Pavilhão Mourisco, na praia de Botafogo. Viaja a Portugal, onde faz conferências nas Universidades de Lisboa e Coimbra.

1935

Publica em Portugal os ensaios *Notícia da poesia brasileira* e *Batuque, samba e macumba*.
Morre Fernando Correia Dias.

1936

Nomeada professora de literatura luso-brasileira e mais tarde técnica e crítica literária da recém-criada Universidade do Distrito Federal, na qual permanece até 1938.

1937

Publica o livro infantojuvenil *A festa das letras*, em parceria com Josué de Castro.

1938

Publica o livro didático *Rute e Alberto resolveram ser turistas*. Conquista o prêmio Olavo Bilac de poesia da Academia Brasileira de Letras com o inédito *Viagem*.

1939

Em Lisboa, publica *Viagem*, quando adota o sobrenome literário Meireles, sem o *l* dobrado.

1940

Leciona Literatura e Cultura Brasileiras na Universidade do Texas, Estados Unidos. Profere no México conferências sobre literatura, folclore e educação.

Casa-se com o agrônomo Heitor Vinicius da Silveira Grillo.

1941

Começa a escrever crônicas para *A Manhã*, do Rio de Janeiro. Dirige a revista *Travel in Brazil*, do Departamento de Imprensa e Propaganda.

1942

Publica *Vaga música*.

1944

Publica a antologia *Poetas novos de Portugal*. Viaja para o Uruguai e para a Argentina. Começa a escrever crônicas para a *Folha Carioca* e o *Correio Paulistano*.

1945

Publica *Mar absoluto e outros poemas* e, em Boston, o livro didático *Rute e Alberto*.

1947

Publica em Montevidéu *Antologia poética (1923-1945)*.

1948

Publica em Portugal *Evocação lírica de Lisboa*. Passa a colaborar com a Comissão Nacional do Folclore.

1949

Publica *Retrato natural* e a biografia *Rui: pequena história de uma grande vida*. Começa a escrever crônicas para a *Folha da Manhã*, de São Paulo.

1951

Publica *Amor em Leonoreta*, em edição fora de comércio, e o livro de ensaios *Problemas da literatura infantil*.
Secretaria o Primeiro Congresso Nacional de Folclore.

1952

Publica *Doze noturnos da Holanda & O Aeronauta* e o ensaio "Artes populares" no volume em coautoria *As artes plásticas no Brasil*. Recebe o Grau de Oficial da Ordem do Mérito, no Chile.

1953

Publica *Romanceiro da Inconfidência* e, em Haia, *Poèmes*. Começa a escrever para o suplemento literário do *Diário de Notícias*, do Rio de Janeiro, e para *O Estado de S. Paulo*.

1953-1954

Viaja para a Europa, Açores, Goa e Índia, onde recebe o título de Doutora *Honoris Causa* da Universidade de Delhi.

1955

Publica *Pequeno oratório de Santa Clara, Pistoia, cemitério militar brasileiro* e *Espelho cego*, em edições fora de comércio, e, em Portugal, o ensaio *Panorama folclórico dos Açores: especialmente da Ilha de S. Miguel*.

1956

Publica *Canções* e *Giroflê, giroflá*.

1957

Publica *Romance de Santa Cecília* e *A rosa*, em edições fora de comércio, e o ensaio *A Bíblia na poesia brasileira*. Viaja para Porto Rico.

1958

Publica *Obra poética* (poesia reunida). Viaja para Israel, Grécia e Itália.

1959

Publica *Eternidade de Israel*.

1960

Publica *Metal rosicler*.

1961

Publica *Poemas escritos na Índia* e, em Nova Delhi, *Tagore and Brazil*.

Começa a escrever crônicas para o programa *Quadrante*, da Rádio Ministério da Educação e Cultura.

1962

Publica a antologia *Poesia de Israel*.

1963

Publica *Solombra* e *Antologia poética*. Começa a escrever crônicas para o programa *Vozes da cidade*, da Rádio Roquette-Pinto, e para a *Folha de S.Paulo*.

1964

Publica o livro infantojuvenil *Ou isto ou aquilo*, com ilustrações de Maria Bonomi, e o livro de crônicas *Escolha o seu sonho*.

Falece a 9 de novembro, no Rio de Janeiro.

1965

Conquista, postumamente, o Prêmio Machado de Assis da Academia Brasileira de Letras, pelo conjunto de sua obra.

Deste poema de Cecília Meireles, intitulado PISTOIA, CEMITÉRIO MILITAR BRASILEIRO, foi feita uma única edição de cem exemplares, estampada sobre papel Ingres com a marca-d'água Montgolfier St. Marcel-les-Annonay, na prensa a mão A VERÔNICA, por Dilza Galvão e Manuel Segalá, impressores-editores de PHILOBIBLION, e terminada na cidade de São Sebastião do Rio de Janeiro no dia de São João do ano de mil novecentos e cinquenta e cinco.